„... weit mehr als ein Gerichtsverfahren ..."

Der Auschwitz-Prozess 1963 bis 1965 in Frankfurt am Main

Am 20. Dezember 1963, mehr als achtzehn Jahre nach dem Ende des verbrecherischen NS Regimes, begann vor dem Schwurgericht des Landgerichts Frankfurt am Main das Verfahren „Strafsache 4 Ks 2/63 gegen Mulka und andere", das als Auschwitz-Prozess weltweit Beachtung finden sollte. Rund viereinhalb Jahre umfangreicher Vorbereitung waren dem Prozess voran gegangen. In Ermangelung eines ausreichend großen Gerichtssaales fand die Prozesseröffnung im Stadtverordnetensitzungssaal des Frankfurter Römer statt. Ab April 1964 tagte das Gericht im neu erbauten Bürgerhaus Gallus, wo am 19./20. August 1965 nach zwanzig Monaten Prozessdauer das Urteil verkündet wurde.

Die hilfreichen Zufälle des Beginns

Auslöser zu diesem Prozess waren nicht gezielte behördliche Ermittlungen gegen Verbrechen der nationalsozialistischen Gewaltherrschaft. Am Anfang stand eher ein Zufall. Im März 1958 stellte der ehemalige Auschwitz-Häftling Adolf Rögner, wegen eines Betrugsdelikts im Bruchsaler Gefängnis einsitzend, bei der Staatsanwaltschaft in Stuttgart Strafantrag wegen Massenmordes gegen Wilhelm Boger, vormals SS-Oberscharführer in Auschwitz, und teilte Einzelheiten zu dessen Person und Verbrechen mit.[1] Boger, 1946 aus einem Auslieferungstransport nach Polen entkommen, war zunächst untergetaucht, hatte aber wenige Jahre danach eine „bürgerliche" Existenz unter richtigem Namen und mit offizieller Anmeldung begonnen, als er sich vor Strafverfolgung sicher fühlte.[2] Verwunderlich genug war ohnehin, dass Boger, der auf der Kriegsverbrecherliste der Alliierten stand, nach seiner Flucht nicht längst gesucht worden war. Die Stuttgarter Staatsanwaltschaft ließ sich mit den Ermittlungen Zeit, galt ihr der Antragsteller aufgrund seiner Strafhaft doch als wenig seriös. Erst im Oktober 1958 erging gegen Boger Haftbefehl. Bezeichnend für die damalige Zeit, in der immer noch viele Nationalsozialisten landauf landab in Amt und Würden saßen, ist auch die Tatsache, dass Boger vor den anlaufenden Ermittlungen gewarnt worden war und er leicht erneut hätte untertauchen können. Boger jedoch blieb, wo er war, denn er hielt sich für unschuldig. Das mangelnde Schuldbewusstsein teilte er mit den anderen Angeklagten des Auschwitz-Prozesses.

Der Auschwitz-Überlebende Rögner hatte sich in dieser Sache auch an das Internationale Auschwitz-Komitee in Wien gewandt. Dessen damaliger Generalsekretär Hermann Langbein, gleichfalls überlebender Auschwitz-Häftling, intervenierte in Stuttgart und übermittelte Informationen über weitere Täter jenes Lagers. Ende 1958 ergriff die Justiz endlich selbst die Initiative. Die seitens der Landesjustizminister der Bundesrepublik Deutschland Ende 1958 eingerichtete „Zentrale Stelle der Landesjustizverwaltungen zur Verfolgung nationalsozialistischer Gewaltverbrechen" in Ludwigsburg, die ihr Augenmerk auf die Verfolgung jener NS-Verbrechen legte, die außerhalb des bundesrepublikanischen Gebietes geschehen waren, schaltete sich gezielt in die Ermittlungen ein und dehnte diese auf weitere mutmaßliche Täter aus. In der Folge kam es zu Verhaftungen etlicher im Auschwitz-Prozess Angeklagter.

Anfang 1959 erhielt der Hessische Generalstaatsanwalt Fritz Bauer[3] über den Frankfurter Journalisten Thomas Gnielka Dokumente des Auschwitz-Überlebenden Emil Wulkan mit den Namen von Häftlingen, die im Lager „auf der Flucht erschossen" worden waren und mit den Namen jener SS-Angehörigen, die diese Erschießungen durchgeführt hatten. Nun begannen auch in Frankfurt erste Ermittlungen. Bauers Wunsch entsprechend, ein Gesamtverfahren zum Auschwitz-Komplex durchzuführen und die Aufsplitterung in Einzelverfahren bei unterschiedlichen Staatsanwaltschaften zu verhindern, entschied der Bundesgerichtshof im April 1959, die Ermittlungen der Frankfurter Staatsanwaltschaft zu übertragen.

Die Ausgangslage: Kalter Krieg und Schlussstrich-Mentalität

Das erste Jahrzehnt nach Gründung der Bundesrepublik hatte der Hoffnung auf konsequente Ahndung nationalsozialistischer Verbrechen wenig Nahrung gegeben. Ohne Übertreibung sind jene Jahre weit mehr gekennzeichnet von unterlassener bzw. von bewusst verhinderter Strafverfolgung denn von dem Willen, sich mit der eigenen Vergangenheit zu befassen. Bereits in der Regierungserklärung des neu gewählten Bundeskanzlers Konrad Adenauer vom September 1949 suchte man klare Worte der Entschuldigung gegenüber den zahllosen Opfern des Unrechtsregimes vergeblich. Deutlich vernehmbar war dagegen das Streben nach einer Amnestie auch für die von den alliierten Militärgerichten verurteilten Täter.[4] Mit dieser zunehmenden Schlussstrich-Mentalität stand Adenauer – erinnert sei an seine Forderung nach einem Ende der „Naziriecherei"[5] – keineswegs alleine. Harsche und teils abstruse Kritik an den Bemühungen der Westalliierten um eine Demokratisierung der deutschen Gesellschaft und um die Strafverfolgung von NS-Verbrechen, verbrämt oder offen mit diffamierenden Slogans wie „Siegerjustiz" tituliert, fand sich bis weit in die Mitte der Gesellschaft. Die beiden vom Deutschen Bundestag parteiübergreifend verabschiedeten Straffreiheitsgesetze von 1949 und 1954, die in jenen Jahren geführten kontroversen parlamentarischen Debatten um das Ende der Entnazifizierung sowie die 1951 auf den Weg gebrachte gesetzliche Regelung zur Wiedereinstellung der von den Alliierten entlassenen Staatsdiener[6] machten die Probleme deutlich: In einem öffentlich geförderten Klima des nicht mehr erinnert werden Wollens fehlte es vielfach an dem ernsthaften Bemühen, sich mit der im eigenen Land entstandenen Terrorherrschaft und ihren Folgen auseinander zu setzen.

Hinzu kam, dass im Zuge des Kalten Krieges zwischen den vormals gegen die NS-Diktatur gerichteten alliierten Mächten und der Westintegration der noch keineswegs demokratisch gefestigten Bundesrepublik die Thematisierung der Nazi-Vergangenheit an den Rand gedrängt wurde. Davon profitierten insbesondere jene immer noch überaus zahlreichen Kräfte in der Gesellschaft, die nationalsozialistischem Gedankengut weiterhin anhingen, wenn sie es auch nur selten offen äußerten. Sie also konnten erleichtert aufatmen, als mit dem Ersten Gesetz zur Aufhebung des Besatzungsrechts vom 30. Mai 1956 das seit Dezember 1945 geltende Kontrollratsgesetz Nr. 10, welches die „Bestrafung von Personen" ermöglichte, „die sich Kriegsverbrechen, Verbrechen gegen den Frieden oder gegen die Menschlichkeit schuldig gemacht haben", seine Geltung verlor.[7] Was blieb, war die Ahndung nach den Bestimmungen des Strafgesetzbuchs.

Fritz Bauer und die Vorermittlungen der Frankfurter Staatsanwaltschaft

Viereinhalb Jahre intensiver Vorermittlungen vergingen, bevor im Dezember 1963 der Auschwitz-Prozess eröffnet werden konnte. Fritz Bauer, als junger Jurist und Sozialdemokrat jüdischer Herkunft mit doppeltem Verfolgungsrisiko 1936 vor dem NS-Regime zuerst nach Dänemark, später nach Schweden geflüchtet, war wenige Jahre nach Kriegsende aus dem Exil nach Deutschland zurückgekehrt. In Braunschweig zunächst als Landgerichtsdirektor, dann als Generalstaatsanwalt tätig, hatte der hessische Ministerpräsident Georg August Zinn ihn in dieser Funktion 1956 nach Frankfurt geholt. Bauers Hoffnungen auf eine Demokratisierung von Justiz und Strafrecht waren bis zum Beginn der 1960er Jahre ersten herben Enttäuschungen gewichen, blieben doch die deutschen Justizbehörden weitgehend mit jenen Kräften besetzt, die schon unter der NS-Diktatur in der Rechtsprechung gewirkt hatten.

Der hessische Generalstaatsanwalt Fritz Bauer im Jahr 1961 (© picture alliance / dpa).

Dass der Bundesgerichtshof über die Prozessführung des Auschwitz-Komplexes zugunsten des Frankfurter Landgerichts entschieden hatte, stieß dort keineswegs auf ungeteilte Begeisterung. Dr. Hanns Großmann, als Erster Staatsanwalt Leiter der zuständigen Politischen Abteilung, hätte eine Entscheidung zugunsten der Stuttgarter Staatsanwaltschaft oder der Zentralen Stelle in Ludwigsburg lieber gesehen, waren doch auch dort schon Ermittlungen im Gange. Generalstaatsanwalt Fritz Bauer ließ sich vom mangelnden Interesse der ihm unterstellten Frankfurter Staatsanwaltschaft nicht von seinem Vorhaben abbringen und machte von seinem Weisungsrecht Gebrauch. Das von ihm angestrebte umfassende Strafverfahren zu den Verbrechen von Auschwitz, die im deutschen öffentlichen Bewusstsein bis dahin weitgehend unbekannt waren, sollte nach seiner Vorstellung durch möglichst detaillierte Herausarbeitung und Dokumentation des Geschehens in diesem Vernichtungslager der deutschen Öffentlichkeit das Ausmaß der NS-Untaten deutlich machen. Nur wer die Vergangenheit des eigenen Landes kenne, so war Bauer überzeugt, könne die Zukunft in einer freiheitlichen Demokratie gestalten. Deshalb war ihm wichtig, im Rahmen dieses Prozesses die deutsche Gesellschaft für die geltenden Normen des Rechtsstaates unter Einbeziehung der Menschenrechte zu sensibilisieren und deren Akzeptanz zu festigen.[8]

Die „junge Garde" der Staatsanwälte

Mit den Vorermittlungen beauftragte Fritz Bauer zwei junge Staatsanwälte seines Vertrauens – von der Presse auch seine „junge Garde" genannt[9] –, beide Jahrgang 1926, die ihre juristische Ausbildung erst nach dem Zweiten Weltkrieg erhalten hatten und mithin politisch

Die Staatsanwälte (v.l.n.r.): Dr. Hanns Großmann, Joachim Kügler (halb verdeckt), Georg Friedrich Vogel (stehend), Gerhard Wiese (© ullstein bild – dpa).

nicht vorbelastet waren: Joachim Kügler und Georg Friedrich Vogel. Letzterer hatte in den 1950er Jahren schon erste Erfahrungen bei der Ermittlung gegen NS-Täter sammeln können. Zu Prozessbeginn kam als dritter Jurist Gerhard Wiese, Jahrgang 1928, hinzu, der seit 1961 am Frankfurter Landgericht tätig war.[10]

Angesichts der heute bekannten Fülle an Veröffentlichungen über das Vernichtungslager Auschwitz, die sowohl wissenschaftliche Untersuchungen als auch Zeitzeugenberichte umfasst, ist kaum noch vorstellbar, unter welch schwierigen Bedingungen die Ermittlungen Ende der 1950er/Anfang der 1960er Jahre geführt werden mussten. Die NS-Zeit, speziell aber Auschwitz hatten bis dahin nur in wenigen weit verbreiteten Publikationen[11] Niederschlag gefunden. In den gymnasialen Oberstufen endete der Geschichtsunterricht zumeist mit dem Ersten Weltkrieg, denn nur allzu viele Lehrkräfte waren Hitler-Anhänger gewesen und machten um die Thematik einen weiten Bogen. Die Arbeit mit Zeitzeuginnen und Zeitzeugen der NS-Zeit, seit den 1980er Jahren ein ganz wesentlicher Bestandteil historisch-politischer Bildung, war damals unbekannt.

Für Kügler und Vogel galt es zunächst, sich in Ludwigsburg anhand der bis dahin vorhandenen, aber noch unzureichenden Akten mit der Materie vertraut zu machen. Sodann mussten Beweisdokumente gefunden, Tatzeugen ausfindig gemacht und vernommen werden, möglichst viele Beschuldigte waren zu ermitteln und festzunehmen und eine Vielzahl von Kontakten waren herzustellen, so zum Archiv der auf dem Lagergelände eingerichteten Gedenkstätte Auschwitz. Da es damals noch keine diplomatischen Beziehungen zwischen Polen und der Bundesrepublik Deutschland gab, waren offizielle Reisen der Staatsanwälte nach Auschwitz nicht möglich. Sie mussten privat erfolgen, konnten aber auf die Kontakte von Fritz Bauer und Herrmann Langbein zählen. Bauer, der in seiner Funktion nicht hinter den „Eisernen Vorhang" fahren durfte, wusste immerhin die Hessische Landesregierung hinter sich, der an einer Aufklärung der NS-Verbrechen sehr viel lag.

Die Zusammenarbeit mit polnischen Stellen erwies sich als überraschend gut und reibungslos. Mit Unterstützung von Professor Jan Sehn (1909-1965), damals Direktor des Kriminologischen Instituts der Universität Krakau und bereits 1947 Untersuchungsrichter im Krakauer Auschwitz-Prozess, sowie mit der unersetzlichen Hilfe von Kazimierz Smoleń (1920–2012), selbst überlebender Auschwitz-Häftling und seit 1955 Direktor der dortigen Gedenkstätte, konnte eine große Zahl von Dokumenten aus den Archiven sowohl der Gedenkstätte als auch der Hauptkommission zur Untersuchung der Nazi-Verbrechen in Polen als wichtiges, jedem Leugnen Stand haltendes Beweismaterial gesichert werden.

Längst nicht alle der über 90 im Vorfeld des Verfahrens namentlich festgestellten Tatverdächtigen waren während der Ermittlungszeit ausfindig zu machen. Die Verhaftung von Richard Baer, dem letzten Kommandanten des Vernichtungslagers Auschwitz, gelang im Sachsenwald bei Hamburg, wo er unter falschem Namen als Forstarbeiter untergekommen war. Er starb noch vor Prozessbeginn während der Haft an Herzversagen.[12] Die schließlich vor Gericht stehenden 22 Angeklagten hatten sich ohne Tarnung und schlechtes Gewissen in teils durchaus reputierlichen Berufen niedergelassen.[13]

Neben den Archivdokumenten, die Aufschluss über Verantwortlichkeiten der Angeklagten gaben, waren die Aussagen ehemals in

Hinter dem Richtertisch ausgelegte Aktenberge im Auschwitz-Prozess (© picture alliance / dpa).

Auschwitz Inhaftierter von ganz entscheidender Bedeutung. Sie wohnten inzwischen über viele Länder verstreut, mussten gefunden, persönlich aufgesucht oder nach Deutschland eingeladen und zu den ihnen bekannten Tathergängen befragt werden. Rund 1.300 Zeugen, darunter mehrere Hundert Auschwitz-Überlebende, wurden im Zuge der Vorermittlungen gehört bzw. ihre schriftlich niedergelegten Aussagen in die Akten aufgenommen. Insgesamt 128 Hauptakten-Bände mit allen Zeugenaussagen und Dokumenten von zirka 21.000 Seiten Umfang, auf deren Grundlage die Staatsanwaltschaft im April 1963 eine 700 Seiten starke Anklageschrift mit detaillierten Tatvorwürfen gegen die Angeklagten vorlegte und damit offiziell Anklage erhob, lagen dem Verfahren schließlich zugrunde.[14] Dies macht deutlich, wie zeitaufwändig und umfangreich die Ermittlungen zu diesem Prozess waren und wie sorgfältig ermittelt werden musste.

Die Aufgabe der Gutachter

Der Mangel an zeitgeschichtlichen Untersuchungen zum Funktionieren der NS-Vernichtungsmaschinerie bewog Fritz Bauer 1962 im Vorfeld des Prozesses, zu grundlegenden politischen Aspekten Sachverständigengutachten in Auftrag zu geben. Sie sollten auf dem Wege der Anhörung Eingang in das Verfahren finden, gedruckt werden und dadurch der öffentlichen Aufklärung über die politisch-historischen Zusammenhänge dienen. Die Historiker Dr. Helmut Krausnick, Dr. Hans Buchheim und Dr. Martin Broszat vom Münchener Institut für Zeitgeschichte sowie Dr. Hans-Adolf Jacobsen von der Universität Bonn nahmen in ihren sieben Gutachten zu Sachverhalten Stellung, die in der Forschung zur NS-Zeit in den darauffolgenden Jahren Beachtung fanden[15]: zur Judenpolitik von 1933 bis 1945, zur nationalsozialistischen Polenpolitik seit 1939, zum Schicksal der russischen Kriegsgefangenen und politischen Kommissare (dem verbrecherischen „Kommissarbefehl"), zum Aufbau der SS- und Polizeihierarchie, zum Aufbau des KZ-Systems samt seiner wirtschaftlichen Ausbeutung und der von ihm propagierten „Vernichtung durch Arbeit", des Weiteren zu Aufbau und Aufgaben der SS-Einsatzgruppen und schließlich zum Problem des angeblichen „Befehlsnotstands", mit dem NS-Täter sich in Prozessen immer wieder rein zu waschen versuchten.[16]

Dass es einen solchen „Befehlsnotstand" bei weltanschaulich motivierten Verbrechen wie etwa den zahlreichen Massenexekutionen und den Gaskammermorden in den Vernichtungslagern de facto nicht gab und niemand mit harten Strafen oder gar mit dem Tod rechnen musste, der sich der Ausführung solcher Befehle entzog oder das subjektive Gefühl für sich reklamierte, dem nicht gewachsen zu sein, wurde im Gutachten sowie in den Darlegungen Hans Buchheims vor dem Frankfurter Schwurgericht umfassend belegt.[17] Gleichwohl mussten sich Gerichte in NS-Verfahren immer wieder mit dem strafmindernden Argument des putativen Befehlsnotstandes seitens der Angeklagten und deren Verteidiger auseinandersetzen, mit dem ein subjektiv empfundener Notstand, der zur Ausführung eines verbrecherischen Befehls geführt hatte, glaubhaft gemacht werden sollte.[18]

Auch wenn die Gutachten zu den genannten Sachverhalten während der Verhandlungen vom Gericht herangezogen[19] und ein wichtiger Bestandteil der Beweisaufnahme wurden, so waren sie aufgrund ihres Umfangs und des wissenschaftlichen Anspruchs nicht so allgemein verständlich, dass sie – wie Fritz Bauer es sich gewünscht hatte – als historisches Lehrstück während des Prozesses gelten konnten.[20] Weitergehende Bedeutung hatten sie eher für diejenigen, die sich mit der Materie im Detail beschäftigten.

Das Gericht und das damalige Strafrecht als Prozessgrundlage

Im Juli 1961 wurde die gerichtliche Voruntersuchung beantragt, die damals bei Verfahren vor dem Schwurgericht noch erforderlich war, und im Folgemonat von Landgerichtsrat Dr. Heinz Düx als Untersuchungsrichter eröffnet. Düx, Jahrgang 1924, hatte seine juristische Ausbildung erst nach dem Ende des NS-Regimes durchlaufen und widmete sich mit ebenso großem Engagement wie die Staatsanwälte über viele Monate der Beweisermittlung, vernahm die Angeklagten, reiste zur Zeugenvernehmung auch ins Ausland und machte sich in Auschwitz selbst ein Bild von der Situation des Lagers. Er merkte bald, dass die Vorbehalte gegen das umfassende Verfahren bei Gericht nicht geringer waren als in der Staatsanwaltschaft. Zur angeblichen „Abwendung der Arbeitslast" schlugen ihm zwei Richter des Landgerichts vor, für einige der Beschuldigten die Zuständigkeit des Frankfurter Gerichts zu verneinen und boten ihm dabei Unterstützung an. Düx ging auf dieses zweifelhafte Angebot nicht ein. Zudem zeigte sich in Gerichtskreisen Widerwillen dagegen, die Untersuchungshaft einiger der

Dr. Heinz Düx, Untersuchungsrichter im Frankfurter Auschwitz-Prozess 1963–1965 (© picture alliance / dpa).

Beschuldigten zu verlängern. Doch auch dieses Störfeuer blieb ohne Erfolg.[21] Schließlich wurde, allen Hürden zum Trotz, die „Strafsache 4 Ks 2/63 gegen Mulka und andere" am 20. Dezember 1963 im Stadtverordnetensitzungssaal des Frankfurter Rathauses eröffnet.

Vorsitzender Richter des Verfahrens war der Landgerichtsdirektor und spätere Senatspräsident Hans Hofmeyer. Ihm zur Seite standen die Richter Josef Perseke und Walter Hotz sowie die beiden Ersatzrichter Werner Hummerich und Günter Seiboldt. Außerdem waren sechs Geschworene und drei Ersatzgeschworene als Laienrichter berufen worden, mehrheitlich Frauen.[22]

Da der Tatbestand des Völkermords erst 1954 in das Strafgesetzbuch (StGB) aufgenommen worden war, laut Grundgesetz aber das Rückwirkungsverbot galt, musste sich das Gericht bei der Tatermittlung und -bewertung der in Frankfurt Angeklagten auf die konkret nachweisbaren kriminellen Verbrechen jedes einzelnen von ihnen konzentrieren. Im Mittelpunkt stand also nach dem StGB die Frage, inwieweit sie aus „Mordlust" oder anderen „niedrigen Beweggründen, heimtückisch oder grausam" getötet, sich an gemeinschaftlichen Morden beteiligt bzw. Beihilfe zum Mord geleistet hatten.[23] Der Eröffnungsbeschluss des Prozesses legte Mulka und den Mitangeklagten zur Last, in den Jahren 1940 bis 1945 in Auschwitz „durch mehrere selbständige Handlungen, teils allein, teils gemeinschaftlich mit anderen [...] Menschen getötet" oder „als Gehilfen bei der Begehung von Verbrechen durch Rat und Tat wissentlich Hilfe geleistet zu haben."

Verteidiger der Angeklagten, die dem Gericht meinten vorwerfen zu müssen, in der Bundesrepublik könne nicht bestraft werden, was der NS-Staat befohlen habe, wies der Vorsitzende Richter Hofmeyer deutlich in ihre Schranken. Nach seiner Rechtsauffassung stehe die Bundesrepublik Deutschland in der rechtsstaatlichen Kontinuität des Deutschen Reiches von 1871, betonte er, und der Unrechtsstaat des NS-Regimes habe aus Mord und Beihilfe zum Mord kein rechtmäßiges Handeln machen können. Das Recht sei in den Jahren 1933 bis 1945 keineswegs außer Kraft gesetzt worden und die Verletzung geltenden Strafrechts sei den Tätern durchaus bewusst gewesen.[24] Hofmeyer fand für seine

Das Frankfurter Schwurgericht bei Eröffnung des Prozesses am 20. Dezember 1963. Am Richtertisch (v.l.n.r.): Richter Walter Hotz, Vors. Richter Hans Hofmeyer, Richter Josef Perseke, daneben Geschworene
(© picture alliance / AP Images 02196).

Verhandlungsführung im Nachhinein von vielen Seiten Respekt und Anerkennung.

Der Prozessablauf

Der Ablauf des zwanzig Monate bzw. 183 Verhandlungstage dauernden Prozesses gliederte sich in mehrere Phasen.[25] Auf der Basis der umfangreichen Anklageschrift wurden zunächst die Angeklagten zur Sache vernommen. Vorherrschender Tenor ihrer Aussagen war es, sich nicht erinnern zu können – oder vielleicht eher: sich nicht erinnern zu wollen, die eigene Verantwortung in der Lagerhierarchie herunterzuspielen, Kenntnisse vom Lageralltag sowie Tatbeteiligungen gänzlich abzustreiten, auf den ihnen angeblich auferlegten „Befehlsnotstand" als „kleine Rädchen im Getriebe" zu verweisen und somit die Schuld auf die bereits verurteilten bzw. nicht mehr lebenden Führungsspitzen des NS-Regimes abzuwälzen. Nach Vernehmung der Angeklagten hörte das Gericht die wissenschaftlichen Gutachter an, die den zeitgeschichtlichen Hintergrund der Vernichtungsmaschinerie in Auschwitz deutlich machten. Ergänzend dazu berichteten anschließend die ehemaligen Häftlingsärzte Dr. Otto Wolken und Dr. Ella Lingens sowie der vormalige Häftlingsschreiber beim SS-Standortarzt, Hermann Langbein, aus ihren Erfahrungen über die internen Strukturen des Vernichtungslagers.

In der dritten Phase des Prozesses von Februar 1964 bis Mai 1965 standen die Tatzeugen im Mittelpunkt des Interesses. Es waren dies zweifellos die beeindruckendsten und wichtigsten Monate des gesamten Verfahrens. 359 Zeugen, davon 248 ehemalige Auschwitz-Häftlinge aus neunzehn europäischen und außer-

Augenscheineinnahme in Auschwitz, Dezember 1964. Vordere Reihe Mitte (v.l.n.r.): Prof. Jan Sehn, Richter Walter Hotz, Dir. Kazimierz Smoleń (© picture alliance / dpa).

Beim Besuch in Auschwitz wurden u.a. Sicht- und Hörproben gemacht sowie Entfernungen vermessen, hier zwischen Gebäuden und „Schwarzer Wand" im Stammlager (© ullstein bild - AP).

europäischen Ländern, viele von ihnen von der Lagerhaft gesundheitlich gezeichnet, brachten unmissverständlich zu Gehör, mit welch ungeheuerlicher Brutalität und Menschenverachtung die Angeklagten ihre Macht in Auschwitz an unschuldigen und wehrlosen Menschen jeden Alters ausgelassen hatten.

Auf Antrag von Henry Ormond[26], einem der drei Vertreter der Nebenklage, fand Mitte Dezember 1964 eine Ortsbesichtigung in Auschwitz mit einer 25köpfigen Delegation unter der Leitung des Richters Walter Hotz statt. An dieser „Augenscheineinnahme" nahmen Staatsanwälte, Vertreter der Nebenklage, Verteidiger, eine Dolmetscherin, ein Fachmann für Tatortaufnahmen des Wiesbadener Landeskriminalamtes, Justizbeamte sowie als einziger Angeklagter der damals noch auf freiem Fuß befindliche ehemalige SS-Arzt Dr. Franz Lucas teil. Begleitet wurden sie von zahlreichen Journalisten. Da trotz großflächiger Lagerpläne, die an den Wänden des Verhandlungssaals sowohl im Frankfurter Römer als auch, ab April 1964, im Bürgerhaus Gallus einen Eindruck von den Orten des Geschehens vermittelten, die Verteidiger immer wieder die Zeugenaussagen in Zweifel zogen, erwies sich der Besuch in Auschwitz als außerordentlich nachhaltig für den weiteren Prozessverlauf. Aussagen über Tathergänge konnten durch Hör- und Sichtproben, detaillierte Abmessungen, Fotos und andere Überprüfungen vor Ort verifiziert werden und bewiesen in der Mehrzahl die Richtigkeit der Aussagen ehemals Inhaftierter. Aussagen Angeklagter hingegen konnten vielfach wiederlegt werden, so etwa die von Dr. Lucas, er habe nie an der Rampe selektiert. Nicht zuletzt aber erwies sich der Besuch eines westdeutschen Gerichts an den Stätten des grauenhaften Geschehens während des „Kalten Krieges" als Meilenstein in der Entwicklung der deutsch-polnischen Beziehungen.[27]

Bevor im Sommer 1965, vor der Urteilsverkündung, die Anklagevertreter sowie die Verteidiger ihre Schlussplädoyers hielten, waren zuvor die Entlastungszeugen gehört worden, von denen sich die Verteidigung Unterstützung erwartete. Nicht immer war diese mit der Auswahl gut beraten gewesen, kam es doch dabei nicht nur zu zweifelhaften Aussagen, sondern gelegentlich sogar zu neuen Anschuldigungen gegen einzelne Angeklagte.

Der Prozess musste zügig geführt werden. Die Verhandlungstage begannen morgens um 8.30 Uhr und wurden nach einer Mittagspause am Nachmittag fortgesetzt. Mehr als zehn Tage Unterbrechung im Ablauf des Verfahrens waren nicht erlaubt, Urlaub gab es während der Verfahrensdauer nicht. Auch die Ersatzrichter und Ersatzschöffen mussten allen Sitzungen beiwohnen, um bei einem Ausfall schnell und in Kenntnis der gesamten Gerichtsverhandlung einspringen zu können. Das stellte hohe Anforderungen an alle Beteiligten.[28]

Die Angeklagten

Angesichts der ihnen zur Last gelegten Verbrechen mutete es seltsam an, dass einige der Angeklagten zu Prozessbeginn als freie Bürger den Gerichtssaal betraten und verließen, denn nur ein Teil von ihnen saß damals bereits

Zwölf Angeklagte auf einen Blick (v.l.n.r.), obere Reihe: Robert Mulka, Karl Höcker, Wilhelm Boger, Hans Stark; mittlere Reihe: Pery Broad, Franz Hofmann, Bruno Schlage, Stefan Baretzki; untere Reihe: Klaus Dylewski, Oswald Kaduk, Dr. Viktor Capesius, Emil Bednarek (© ullstein bild).

in Untersuchungshaft. Viele Verhaftungen erfolgten erst im Lauf des Verfahrens, als die Verbrechen aufgrund der Zeugenaussagen immer mehr ans Licht kamen. Insbesondere für die Auschwitz-Überlebenden, die unter hohen emotionalen Belastungen nach Frankfurt gereist waren, musste dies auch große Ängste auslösen. Ihre ehemaligen Peiniger traten vor Gericht so auf, als sei Auschwitz nur eine unbedeutende Station in ihrem Leben gewesen. Für diejenigen hingegen, die dem permanenten Terror dieses Lagers ausgesetzt gewesen waren, hatte diese Erfahrung das ganze weitere Leben geprägt.

Die Angeklagten hatten in unterschiedlichen Bereichen des Konzentrations- und Vernichtungslagers Auschwitz ihren Beitrag zum Funktionieren der gigantischen Mordmaschinerie geleistet.[29] Robert Mulka und Karl Höcker gehörten als Adjutanten der Lagerkommandanten Höß und Baer zur Kommandantur, also zur Schaltzentrale von Auschwitz. Zur Schutzhaftlagerführung zählten die Angeklagten Franz Hofmann als Führer des Schutzhaftlagers, Oswald Kaduk als Rapportführer und Stefan Baretzki als Blockführer. Eine große Gruppe Beschuldigter war in der Politischen Abteilung, die als Lager-Gestapo fungierte, tätig gewesen: Wilhelm Boger als Leiter des „Fluchtreferats" und des Nachrichtendienstes, Hans Stark als Leiter der Aufnahmeabteilung, Klaus Dylewski als Dolmetscher und Ermittler, Pery Broad als Mitarbeiter bei Vernehmungen, Bruno Schlage als Aufseher und Kommandoführer sowie Johann Schobert als Mitarbeiter der Poststelle und des „Standesamtes". Eine weitere große Gruppe Angeklagter hatte in Auschwitz der Dienststelle SS-Standortarzt angehört. Es waren dies der Arzt Dr. Franz Lucas, der Apotkeker Dr. Viktor Capesius, die Zahnärzte Dr. Willi Frank und Dr. Willi Schatz, die Sanitätsdienstgrade Josef Klehr, Herbert Scherpe und Emil Hantl, der Leiter der Häftlings-Bekleidungskammer Arthur Breitwieser sowie als einziger ohne SS-Uniform der „Funktionshäftling" Emil Bednarek. Zwei Angeklagte, Heinrich Bischoff und Gerhard Neubert, schieden während des Prozesses wegen Krankheit aus[30]; Bischoff starb 1964, Neubert wurde im zweiten Frankfurter Auschwitz-Prozess 1966 verurteilt. Befinden musste das Gericht am Ende über zwanzig Beschuldigte.

Das Grauen von Auschwitz – Überlebende sagen aus

In seiner Urteilsbegründung führte der Vorsitzende Richter Hans Hofmeyer später aus: „Wie aber sah es tatsächlich in Auschwitz aus? Über dem Lagertor waren die Worte zu lesen ‚Arbeit macht frei'. Unsichtbar aber stand geschrieben: ‚Ihr, die Ihr hier eingeht, lasst alle Hoffnung fahren.' Denn hinter diesem Tor begann eine Hölle, die für das normale menschliche Gehirn nicht auszudenken ist und die zu schildern die Worte fehlen. Den armen Menschen, die man hier hineingetrieben hat, nahm man nicht nur Hab und Gut ab, man schnitt ihnen [die] Haare, Männern, Frauen und Kindern, man gab ihnen ein paar Lumpen als Kleidung […]. Tag und Nacht gepeinigt von Ungeziefer, mit Schwären bedeckt, ausgeliefert den zynischen Kapos, den Blockältesten, den Blockführern, den Rapport- und Lagerführern, in grauenvoller Angst vor dem nächsten Tag, der ihnen neue Qualen bringen würde. […] Das alles war angeblich dem Angeklagten Mulka nicht bekannt. Physisch und psychisch gebrochen, der Menschenwürde entkleidet, hauchten dann diese Opfer unter den Händen des Klehr oder in den Gaskammern in Birkenau ihr jämmerliches Leben aus […], Menschen aus ganz Europa, die auch von einer Mutter geboren waren und Menschenantlitz trugen."[31]

Die hier nur in kurzen Worten wiedergegebene Erkenntnis verdankte das Frankfurter Schwurgericht den Überlebenden von Auschwitz, der größten durch das NS-Regime betriebenen Mordstätte, die während des Prozesses aussagten. Dabei waren die Berichte über ihre Erfahrungen, die sie mit einzelnen Angeklagten gemacht hatten, nur ein kleiner Bruchteil des Schreckens, den Mulka und die anderen in jenem Vernichtungslager verbreitet hatten. Die unzähligen dort in den Tod getriebenen Opfer konnten nicht mehr aussagen. Viele, die das Lager überstanden hatten, waren inzwischen an den Folgen der Lagerhaft verstorben. Und etliche der Überlebenden wollten sich der Qual der Erinnerung nicht erneut aussetzen und auch das Land der Täter nicht betreten. Die Zeugen, die nach Frankfurt gereist waren – einige ohne Kenntnis der deutschen Sprache und mit unzureichenden finanziellen Mitteln – sahen sich anfangs allein gelassen. Erst eine Mobilisierung in der Presse führte zu der dringend notwendigen Betreuung während ihres Aufenthalts.[32] Die seelischen Belastungen der Zeuginnen und Zeugen waren enorm, wenn sie dem Gericht schilderten, was ihnen selbst widerfahren war und was sie mit eigenen Augen gesehen hatten. Ohne sie, die einen Großteil der Beweislast trugen, wäre die Realität von Auschwitz in ihrem ganzen Grauen nicht für alle so sichtbar geworden. An wenigen Beispielen sollen im Folgenden die Schrecken des Lageralltags und die Leiden seiner Opfer verdeutlicht werden.

Die Verhöre der Politischen Abteilung

Wenn während des Prozesses von der besonderen Brutalität der Politischen Abteilung und ihrer Verhöre die Rede war, fiel unweigerlich der Name Wilhelm Boger, der als erster Angeklagter verhaftet worden war.[33] Berüchtigt war sein im Lagerjargon „Boger-Schaukel" genanntes Folterinstrument, von ihm als seine „Sprechmaschine" bezeichnet. Mittels einer Eisenstange, zwischen Kniekehlen und den um die Unterschenkel gefesselten Händen durchgeschoben und über ein Gestell gehängt, ließ er seine Opfer kopfüber baumeln und schlug so lange mit Stock und Ochsenziemer auf Gesäß und Geschlechtsteile ein, bis das Blut aus der Hose lief und die dermaßen Gequälten bewusstlos waren. Viele starben bereits während dieser Verhöre oder an den Folgen. Boger hatte es mit seiner als „verschärfte Vernehmung" titulierten Methode vorwiegend auf polnische Häftlinge abgesehen, die er der Geheimorganisation und Kontakten mit

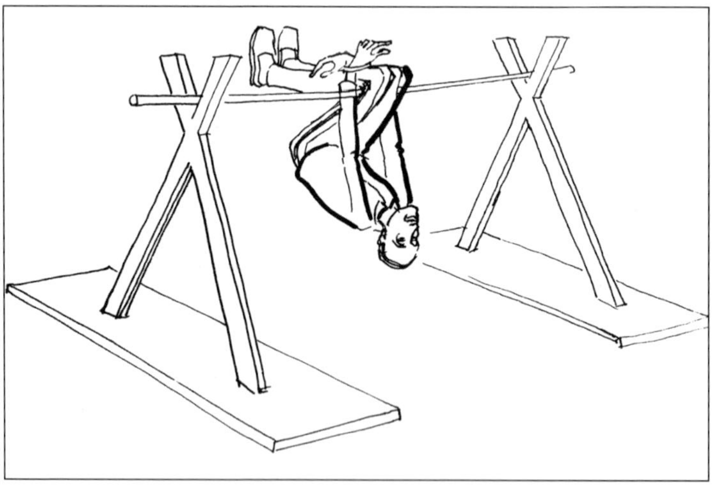

Zeichnung der sog. „Boger-Schaukel", Folterinstrument der Politischen Abteilung von Auschwitz (© picture alliance / dpa).

der polnischen Bevölkerung verdächtigte. Im ganzen Lager gefürchtet, führte er unter anderem auch eigenhändig in großer Zahl Erschießungen sowie Hinrichtungen durch und scheute nicht einmal vor brutalem Mord an ahnungslosen Kindern zurück.

Von einem dieser Kindesmorde berichtete die Zeugin Dunja Wasserstrøm, die als Häftlingsdolmetscherin zweieinhalb Jahre in der Politischen Abteilung arbeiten musste und auch bei den „verschärften Vernehmungen" eingesetzt war. Als eines Tages ein Lastwagen mit jüdischen Kindern vor der Abteilung hielt, „ist ein kleiner Junge heruntergesprungen. Er hat einen Apfel in der Hand gehabt. [...] Das Kind stand neben dem Wagen mit seinem Apfel und hat sich so amüsiert. Da ist Boger zu dem Kind gegangen, hat es bei den Füßen gepackt und mit dem Kopf gegen die Baracke geschmettert. Dann hat er ruhig den Apfel aufgenommen. [...] Etwa eine Stunde später bin ich zu Boger gerufen worden, als Dolmetscherin zu einem Verhör, und habe gesehen, wie er diesen Apfel des Kindes gegessen hat."[34] Boger, der diese Aussage als „eine ungeheure Erfindung, die vielleicht für die Presse genehm sein mag" abtat, ging bei anderer Gelegenheit die ihm immer noch eigene brutale Denkweise durch, wenn er, quasi als Rechtfertigung seiner Verhörmethoden, für die seiner Ansicht nach notwendige Prügelstrafe plädierte, „zum Beispiel im heutigen Jugendstrafrecht". Er habe nicht totgeschlagen, er habe nur Befehle ausgeführt, lautete sein Fazit.[35]

Erschlagen, erschossen, hingerichtet – und angeblich nie dabei gewesen

Andere SS-Schergen der Politischen Abteilung übernahmen Bogers drastische Methoden. Hans Stark[36], der mit 16 Jahren in die SS eintrat, in Oranienburg, Buchenwald und Dachau eingesetzt war und als 19-Jähriger nach Auschwitz kam, wurde von Zeugen als angeberisch und überheblich geschildert, der „gern in seiner schönen Uniform herumstolziert" sei. Häftlinge zu erschlagen, zu erschießen und zu vergasen, gehörte für diesen damals noch jugendlichen Fanatiker zur Tagesordnung. Kam er von Erschießungen, sagte er zynisch zu Erwin Bartel, ehemals polnischer Häftlingsschreiber der Politischen Abteilung und Zeuge im Prozess: „Bartel, Schüssel mit Wasser, ich möchte meine unschuldigen Hände waschen!"[37]

Pery Broad[38], im gleichen Alter wie Stark und schon früh in der Hitler-Jugend aktiv, tat sich nach Aussage des tschechischen Zeugen Ota Fabian, im Auschwitzer Stammlager dem „Kommando Leichenträger" zugewiesen, bei vielen Erschießungen an der Schwarzen Wand bei Block 11 hervor, insbesondere bei der Exekution von Frauen. Die aus Israel angereiste Zeugin Regina Steinberg, ehemals Broad als Häftlingsschreiberin zugeteilt, berichtete von der „Genugtuung", die sie bei diesem Angeklagten nach Prügelexzessen im Zigeunerlager wahrnahm. Josef Neumann, gebürtiger tschechischer Häftling, nach einem missglückten Fluchtversuch im Bunker von Auschwitz-Birkenau festgesetzt, beschrieb eine mehrwöchige Vernehmungs-

Tortur durch Broad: „Täglich wurde ich etwa um 9 Uhr in der Früh vernommen und geschlagen, dann musste ich beim Draht stehen, und wenn ich mich rührte, wurde ich hineingerufen und bekam wieder Schläge." Auch auf der „Schaukel" schlug Broad Häftlinge zu Tode.[39]

Nicht weniger mordgierig gingen Klaus Dylewski[40] und Bruno Schlage[41] aus der Politischen Abteilung vor. Dylewski, nur wenige Jahre älter als Stark und Broad, galt als sehr brutal. „Ich habe oft sein Zimmer geputzt und dabei Blut von den Wänden und vom Schreibtisch abwischen müssen", erinnerte sich der polnische Lehrer und Zeuge Jan Krokowski an den Angeklagten Dylewski. Der Prager Zahnarzt Josef Farber erkannte Dylewski im Gerichtssaal wieder und berichtete von dessen Exekutierung einer jungen Familie mit zwei kleinen Kindern, wobei er zuerst dem Jüngsten in den Armen der Mutter in den Kopf geschossen hatte.[42] Bruno Schlage war Arrestaufseher im Bunker von Block 11 des Auschwitzer Stammlagers gewesen. In diesen Bunker sperrte die SS viele Häftlinge ein, um sie bei den gefürchteten „Bunkerentleerungen" an der „Schwarzen Wand" in kleinen und größeren Gruppen zu erschießen. Der tschechische Zeuge Filip Müller, einziger Überlebender des „Sonderkommandos" beim alten Krematorium im Stammlager, hatte erlebt, wie Schlage die Bunkerhäftlinge mit „Pfahlhängen" quälte, wobei diese an mit auf dem Rücken gefesselten Händen aufgehängt wurden, was viele nicht lebend überstanden. Ota Fabian, der als Leichenträger ständig Augenzeuge des grauenhaften Geschehens wurde, bezeugte Erschießungen Schlages an der „Schwarzen Wand" sowie im Waschraum von Block 11. Und der Ingenieur Pawel Stjenkin, der als russischer Kriegsgefangener Auschwitz überlebt hatte, musste die tödliche Quälerei Schlages an seinem Freund sowie an weiteren Kriegsgefangenen miterleben.[43]

Schlage will dies alles nicht getan haben, will auch nichts mitbekommen haben von den Verbrechen um ihn herum. Seine „Mission" habe einzig und allein darin bestanden, die Bunkerzellen auf- und zuzuschließen, sonst hatte er nach eigener Aussage „nichts mit den Häftlingen zu tun." Richter Hans Hofmeyer, der solche Aussagen mit großer Geduld und hartnäckigem Nachfragen zur Kenntnis nahm, kommentierte: „Keiner hat hier was gemacht, der Kommandant war nicht da, der Schutzhaftlagerführer war nur so anwesend, der Beauftragte der Politischen Abteilung kam nur mit den Listen, der andere kam nur mit den Schlüsseln."[44]

Die unsäglichen Grausamkeiten des Schutzhaftlagerpersonals

Der Zeuge Ludwig Wörl, Münchener Lebensmittelhändler, war als politisch Verfolgter zunächst in Dachau, dann in Auschwitz inhaftiert und wurde dort der erste nicht-kriminelle Lagerälteste des Stammlagers. „Aus einer Laune heraus" habe die SS, wie er sagte, die Kinder des Lagers ihm anvertraut, dennoch wurden sie schließlich zusammen mit arbeitsunfähigen Kranken ins Gas getrieben. Ihr Schicksal erahnend, zeigten ihm die noch nicht schulpflichtigen Kleinen hoffnungsvoll ihre Ärmchen: „Lagerältester, sieh doch, wie kräftig wir sind!" Rapportführer Oswald Kaduk[45] aber hatte die um ihr Leben flehenden Kinder für die Tötung zusammengetrieben. „Wo ist Kaduk? Die Pistole stießt du ihnen in den Rücken", brach es im Gerichtssaal bei dieser Erinnerung aus Wörl heraus.[46] Kaduk galt, davon berichteten viele Zeugen dem Frankfurter Schwurgericht, im Lager als der gefürchtetste SS-Mann und man tat gut daran, sich vor ihm zu verstecken. Häufig betrunken, schlug und trat er wahllos Häftlinge tot, erschoss sie, selektierte nach eigenem Gutdünken für die Gaskammer. Über eine besonders sadistische Mordmethode, im Lager „Krawatte-Legen" genannt, sprach der polnische Baumeister Józef Kral, den diese Aussage sichtlich mitnahm: Den auf dem Rücken am Boden liegenden Häftlingen wurde eine Stange auf den Hals gelegt, auf der Kaduk breitbeinig so lange hin und her wippte, bis seine Opfer erstickt waren. Kaduks Teilnahme bei den Selektionen an der Rampe bezeugte neben zahlreichen anderen der österreichische Rechtsanwalt Dr. Heinrich Dürmeyer, der als politisch Verfolgter nach Auschwitz kam und dort letzter Lagerältester war. Kaduk habe „von den Selektionen an der Rampe in einer unfassbar zynischen Art erzählt" und geprahlt mit „Heldenstückln wie bei einer Jagdgesellschaft". Auch über das, „was die Juden alles bei sich hatten und was man ihnen […] abnehmen konnte" habe er lautstark berichtet.[47]

Der Angeklagte, bei jeder Aussage in zwanghaft militärischer Manier vor Gericht mit den Händen an der Hosennaht strammstehend - einmal entfuhr ihm dabei gar ein „Jawohl, Herr Obersturmführer" - versuchte, seine Rolle zu verharmlosen und konnte dennoch sein wahres Gesicht nicht verbergen.[48] „Ich gebe zu", so Kaduk nach der Aussage des polnischen Nationalökonomen Witold Nieciuński, dem er in Auschwitz ein Ohr fast taub geschlagen hatte, „ich habe eine feste Hand, und wenn ich da geschlagen habe, dann war bald einer weg."[49]

Der Angeklagte Oswald Kaduk (Mitte) in Strammsteh-Manier vor Gericht (© picture alliance / Roland Witschel).

Eine „feste Hand" hatte auch der Blockführer Stefan Baretzki[50], der sich im Stammlager wie auch in Birkenau austobte: „Der hatte einen solchen Schlag", so Maximilian Sternol, Rapportschreiber und Blockältester in Birkenau, „dass er mit einem einzigen Hieb einen Häftling totschlug. […] Er schlug mit der Handkante gegen die Aorta, und der Mann sackte zusammen. Tot. Aus."[51] Auch der Kaufmann Hersz Kugelmann, der zahlreiche Familienmitglieder in Auschwitz verlor, hatte den „Schrecken des Lagers" Baretzki am eigenen Leib erfahren. Ständig „unter Alkohol" habe er die Häftlinge mit „Sport" malträtiert, um sie zu schlagen und zu treten, wenn sie seinen schnellen Befehlen nicht nachkommen konnten. Wer danach in den Krankenbau eingeliefert werden musste, sei nicht mehr zurückgekommen.[52] Der französische Zeuge Simon Gotland war dem Aufräumkommando zugeteilt gewesen, das die Menschen an der Rampe aus den Zügen treiben und ihr Gepäck sammeln musste. Baretzki hatte er dort immer mit Stock in der Hand und schreiend erlebt. Eine Begebenheit hatte er nie vergessen können: Bei Ankunft eines großen Transportes gebar eine Frau gerade ihr Kind. Gotland half ihr und wickelte das Neugeborene in Kleidungsstücke. Baretzki geriet darüber in Rage, schlug Gotland und die Frau mit seinem Stock und trat das Kind „zehn bis fünfzehn Meter mit dem Fuß fort wie einen Fußball". Mutter und Kind überlebten die Ankunft in Auschwitz nicht.[53]

Töten statt heilen – die Dienststelle SS-Standortarzt

Neun Angeklagte dieser Dienststelle des Vernichtungslagers standen in Frankfurt vor Gericht, unter ihnen drei Ärzte und ein Apotheker. Von ihrer eigentlichen Aufgabe, Menschen zu helfen und sie zu heilen, hatten sie sich in Auschwitz weit entfernt. Ihre Rolle dort hatten sie nach Kriegsende geflissentlich verschwiegen. Den Apotheker Dr. Viktor Capesius[54], aus dem rumänischen Klausenburg stammend und als Pharmavertreter bei Ärzten und Apothekern in Siebenbürgen gut bekannt, hatten viele der aus dieser Region Deportierten bei den Selektionen im Lager wieder getroffen. Er jedoch hatte angeblich nie selbst selektiert und trat vor Gericht mit aggressivem, herausforderndem Gehabe auf. An Paul Pajors Apotheke in Oradea konnte sich Capesius genau erinnern, als Pajor ihm im Juni 1944 an der Rampe gegenüberstand.[55] Auch den Arzt Dr. Lajos Schlinger hatte Capesius mehrfach in dessen Praxis in Klausenburg besucht. Als er Capesius erfreut ansprach, hatte dieser ihm beschieden „Es wird alles gut sein", dann aber dessen Frau von der Rampe ins Gas geschickt.[56] Viele weitere rumänische Zeugen hatten den Angeklagten bei der Selektion erlebt, so auch der Arzt Dr. Mauritius Berner, der seine Frau und die drei Töchter in Auschwitz verlor und von Capesius mit den Worten getäuscht worden war: „Weinen sie nicht, die gehen nur baden. In einer Stunde werden Sie sich wiedersehen."[57]

Capesius selektierte jedoch nicht nur auf der Rampe. Der aus Israel angereiste Zeuge Josef Glück, der ihn ebenfalls aus Klausenburg kannte und auf der Rampe wiedergesehen hatte, berichtete von weiteren Selektionen, an denen der Angeklagte beteiligt war: So hatte dieser gemeinsam mit anderen SS-Offizieren 1944 am jüdischen Neujahrsfest etwa 1.200 Jungen aus der Baracke 11 mit Hunden zusammentreiben lassen. Auch das Leben dieser Kinder endete wenig später in der Gaskammer. Unter ihnen war sein eigener Neffe, er „hat sich damals den Arm aufgeritzt und mit seinem Blut an die Barackenwand geschrieben: Andreas Rappaport – lebte 16 Jahre. Das habe ich in ungarischer Sprache dort gelesen." Glück war der einzige Überlebende seiner großen Familie.[58]

Wie alle SS-Offiziere seiner Dienststelle hatte sich Capesius nach Aussagen vieler Zeugen aktiv am Funktionieren der gesamten Mordmaschinerie beteiligt. Darüber hinaus war er Herr über die SS-Apotheke des Auschwitzer Lagers gewesen, aus dem die Büchsen mit dem Zyklon B für die Gaskammern und das Phenol für die massenhaften tödlichen Injektionen an Häftlingen geliefert wurden. Anfangs noch in kleinen Mengen, wurden „später zwei bis fünf Kilogramm im Monat" von eben diesem Phenol aus Berlin geordert, wie sich der polnische Zeuge Jan Sikorski, der als Häftlingsapotheker unmittelbar mit Capesius zu tun hatte, erinnerte.[59] Schon diese Menge zeigte, dass das Gift nicht in sehr kleiner Dosis der medizinischen Rezeptur, sondern der schnellen Tötung von Inhaftierten diente, im Lagerjargon „Abspritzen" genannt.

Einer, der es häufig in der Lagerapotheke zu diesem Zweck abholte, war der Angeklagte Josef Klehr, Sanitätsdienstgrad beim SS-Standortarzt.[60] Viele, die in Frankfurt aussagten, hatten ihn bei Tötungen durch Phenolinjektionen gesehen. Der Warschauer Arzt Dr. Czeslaw Glowacki, damals Medizinstudent und als Leichenträger im Stammlager eingesetzt, wurde regelmäßig Zeuge solcher Injektionen in den Herzmuskel. Oft hätten die Todeskandidaten laut geschrien, doch

Der Angeklagte Josef Klehr (© picture alliance / dpa).

Klehr befahl ihnen, die linke Hand auf den Mund zu legen und den Arm angewinkelt hochzuheben. So lag das Herz frei und Klehr „konnte ungehindert spritzen." Der Standortarzt habe ihn eigenmächtig gewähren lassen.[61] Diese Allmacht kostete Klehr, der sich gerne im weißen Kittel zeigte, auch Weihnachten 1942 in Abwesenheit des Arztes aus, wie übereinstimmend die Zeugen Hermann Reineck und Dr. Tadeusz Paczula dem Gericht vortrugen. Die Hoffnung der Häftlinge auf Festtage ohne Selektion war damit zunichte. Mit den Worten „Heute bin ich Lagerarzt" suchte Klehr die Opfer im Häftlingskrankenbau aus. Reineck, dort Schreiber und Blockältester, hatte die Namen zu notieren und die Todesmeldungen zu fertigen. Paczula, Rapportschreiber in diesem Bau, nahm die Meldungen „paketweise" entgegen und schätzt die Zahl der Getöteten allein bei dieser Aktion auf etwa zweihundert, die er in das Totenbuch eintragen musste.[62]

Der tschechische Zeuge Jan Weiß, dem Kommando Leichenträger zugeteilt, das die Opfer in Klehrs Zimmer bringen und die Toten anschließend im benachbarten Waschraum stapeln musste, wurde eines Tages mit der tödlichen Spritze für seinen Vater konfrontiert. Auschwitz lässt ihm bis heute keine Ruhe, unter Tränen berichtete er. Viele Erschießungen an der „Schwarzen Wand", wo die Leichenträger im Laufschritt hätten arbeiten müssen, und viele „Abspritzungen" habe er gesehen. Gelegentlich, „wenn Klehr Eile hatte, wegzukommen", seien zwei Opfer gleichzeitig ins Zimmer ihres Mörders geführt worden: „Er hatte nämlich eine Kaninchenzucht im Hof. Wenn er zu den Kaninchen gehen wollte, wurde schneller gespritzt", so Weiß.[63]

Nichts gesehen, nichts gehört, nichts gemacht – der Adjutant Mulka

Als Adjutant des Lagerkommandanten Höß habe er „eine Menge Leute zu empfangen" gehabt, sei nie selbst im Lager gewesen, habe nie Klagen über die Unterbringung der Häftlinge hinter dem Stacheldraht des Schutzhaftlagers gehört und keine Veranlassung gesehen, nach der Funktion der Gaskammern zu fragen. Nur die Leichenverbrennungen habe er gerochen und „nachts die Scheiterhaufen bis nach Kattowitz leuchten" gesehen. So versuchte Robert Mulka[64], den vornehmen Hamburger Kaufmann mimend, das Gericht davon zu überzeugen, er sei an allem gar nicht beteiligt, häufig abwesend und krank gewesen. Die Zeugen allerdings, ehemalige Häftlinge wie auch solche, die in Auschwitz dem SS-Personal angehört hatten, bewiesen das Gegenteil.

Karel Klein, als verfolgter tschechischer Jude dem Kommando Bauhof angehörend, war beim Einmarsch an Mulka vorbeimarschiert und erinnerte sich an ihn „weil er einen besseren Eindruck machte als die anderen SS-Männer." Albert Stenzel, damals zu einer SS-Wachkompanie gehörend, bestätigte: „Er stand immer am Ausgang des Lagertores, wenn die Häftlinge ausmarschierten. Wenn wir Posten die Kommandos beim Tor in Empfang nahmen, hat er das beaufsichtigt."[65] Schon bevor Mulka Adjutant wurde, war er in Auschwitz Kompaniechef der ersten Wachkompanie gewesen. Johann Meßmer hatte seinen Chef zu jener Zeit bereits beim Absperrdienst an der Rampe erlebt, so wie ihn später Hans Spicker, gerade aus Berlin deportiert, und Henryk Porebski vom Elektrikerkommando Birkenau beim Selektieren an der Rampe sahen.[66]

Auch der bereits genannte tschechische Zeuge Ota Fabian berichtete von Mulka als Zuschauer bei einer Erschießung im Hof von Block 11 des Stammlagers und sein Landsmann Alexander Princz, im Auschwitzer Kutscherkommando viel im Lager unterwegs, hatte ihn gleich mehrfach getroffen: Wie alle SS-Offiziere habe auch Mulka sich im Pferdestall zum Reiten bedient; beim Krematorium habe er ihn gesehen wie auch an der Rampe; und während einer Fahrt zwischen Auschwitz und Birkenau sei er Zeuge geworden, wie Mulka eigenhändig einen Häftling erschoss. Princz charakterisierte Mulka als „schlimmer als Höß".[67] Zu Mulkas tatsächlicher Verantwortung für das Funktionieren des Vernichtungslagers legte ihm, der monatelang alles leugnete, schließlich auch das Gericht die Beweisstücke mit seinen Unterschriften vor. Das Lügengebäude des Angeklagten, der als Stellvertreter des Kommandanten angeblich kaum in Auschwitz anwesend war, brach zusammen.

Das Ende des Auschwitz-Prozesses und seine Wirkung

Sechs lebenslängliche Freiheitsstrafen, zehn Freiheitsstrafen zwischen dreieinhalb und vierzehn Jahren sowie vier Freisprüche, davon einer erst nach Revision, konnten angesichts des Grauens, das während des Verfahrens sichtbar geworden war, durchaus enttäuschen.[68] Dies kann nicht dem Gericht angelastet werden, das mit großer Sorgfalt und umsichtiger Verhandlungsführung das Ziel verfolgt hatte, alle konkret nachweisbaren strafbaren Handlungen der Beschuldigten zu ermitteln. Der Vorsitzende Richter Hans Hofmeyer machte in seiner Urteilsbegründung denn auch deutlich, dass eine „gerechte Sühne" angesichts der großen Zahl der Opfer kaum möglich sei. Da die Angeklagten zur Wahrheitsfindung nichts beigetragen, sondern entweder geschwiegen, die Tat geleugnet oder die Unwahrheit gesagt hätten, seien viele Details nur ans Licht gekommen, weil die aus vielen Ländern angereisten Überlebenden unter großen seelischen Belastungen über die Wahrheit von Auschwitz berichtet hätten. Immer wieder war das Entsetzen im Gerichtssaal spürbar gewesen: „Das Gericht musste in den zwanzig Monaten der Prozessdauer", so beendete Hofmeyer mit stockender Stimme seine zweitägige Urteilsverlesung[69], „noch einmal im Geiste all die Leiden und Qualen erleben, die die Menschen dort erlitten haben und die mit dem Namen Auschwitz auf immer verbunden sein werden. Es wird wohl mancher unter uns sein, der auf lange Zeit nicht mehr in die frohen und gläubigen Augen eines Kindes sehen kann, ohne dass im Hintergrund und im Geiste ihm die hohlen, fragenden und verständnislosen, angsterfüllten Augen der Kinder auftauchen, die dort in Auschwitz ihren letzten Weg gegangen sind."[70]

Einen politischen Prozess hatte das Frankfurter Schwurgericht nicht führen können und sah sich verständlicherweise überfordert mit dem Anspruch, die deutsche Öffentlichkeit über Auschwitz und seine Hintergründe aufzuklären. Aber hatte das Verfahren nicht diese Aufklärung dennoch erreicht? Die bundesdeutsche wie auch die Weltpresse berichtete über die gesamte Dauer des Prozesses regelmäßig. Das mit dem sperrigen Titel „Strafsache 4 Ks 2/63 gegen Mulka und andere" begonnene Verfahren war bald unter dem Namen Auschwitz-Prozess in aller Munde. Rund 20.000 Zuschauer, unter ihnen viele Schulklassen, hatten im Gerichtssaal die erschütternden Zeugenaussagen gehört, denen die Angeklagten nicht ein Wort der Entschuldigung folgen ließen. Der Prozess war so im Lauf der Monate, auch aufgrund der akribischen Beweisermittlung von Staatsanwälten und Richtern, „der historisch-politisch bedeutsamste Versuch" geworden, „dem verbrecherischen Geschehen im größten nationalsozialistischen Konzentrations- und Vernichtungslager mit den Mitteln des Strafrechts beizukommen." Er gab, auch wenn das Viele in der damaligen deutschen Gesellschaft immer noch nicht wahrhaben wollten, der Auseinandersetzung mit der Nazi-Vergangenheit einen deutlichen Schub.[71] Seither steht Auschwitz als Synonym für jenes mörderische NS-Regime, das nur funktionieren konnte, weil Tausende und Abertausende ebenso menschenverachtend und mit zügelloser Mordgier handelten wie diejenigen, die in Frankfurt angeklagt waren, oder dieses Handeln geschehen ließen. Sicher lag die Bedeutung des Prozesses weniger in seinem juristischen Ergebnis. Er war, um es mit dem Auschwitz-Überlebenden und Prozessbeobachter Hermann Langbein zu sagen, „weit mehr als ein Gerichtsverfahren. Zeitgeschichte wurde in einer Weise lebendig, die einem oft und oft die Stimme verschlug, das Herz klopfen ließ, in der Nacht den Schlaf raubte."[72]

Anmerkungen

1 Zur Vorgeschichte des Prozesses siehe: Hermann Langbein: Der Auschwitz-Prozess. Eine Dokumentation. 2 Bde. Frankfurt a.M. 1995 (unveränd. Nachdr. d. Erstausg. 1965), hier: Bd. 1, S. 21-34; Peter Reichel: Vergangenheitsbewältigung in Deutschland. Die Auseinandersetzung mit der NS-Diktatur von 1945 bis heute. München 2001, S. 158 f.; Bernd Naumann: Auschwitz. Bericht über die Strafsache gegen Mulka u.a. vor dem Schwurgericht Frankfurt. Frankfurt a.M. 1968, S. 12 ff.

2 Dazu Bogers Aussagen und die seiner Frau während des Prozesses in: Langbein (wie Anm. 1), Bd. 1, S. 371 ff.

3 Zu ihm siehe: Irmtrud Wojak: Fritz Bauer 1903–1968. Eine Biographie. München 2009, hier bes.: S. 317-362; dies.: Fritz Bauer und die Aufarbeitung der NS-Verbrechen nach 1945 (Blickpunkt Hessen Nr. 2/2003 - Schriftenreihe der Hessischen Landeszentrale für politische Bildung. Hrsg.: Angelika Röming). Wiesbaden 2. überarb. Aufl. 2011.

4 Siehe: Norbert Frei: Vergangenheitspolitik. Die Anfänge der Bundesrepublik und die NS-Vergangenheit. München 2. durchges. Aufl. 1997, hier: S. 25–28; zur Gesamteinschätzung der Nachkriegszeit auch: Gerhard Werle, Thomas Wandres: Auschwitz vor Gericht. Völkermord und bundesdeutsche Strafjustiz. Mit einer Dokumentation des Auschwitz-Urteils. München 1995, S. 16–28.

5 Frei (wie Anm. 4), S. 86.

6 Dazu im Detail: Frei (wie Anm. 4), Kap. I. 1.-4.

7 Bundesgesetzblatt I, 1956, Nr. 24, S. 437 f. u. 445; siehe auch: Heinz Düx: Der Auschwitz-Prozess. Ein unerwünschtes Strafverfahren in den Zeiten der Verbrechensleugnung und des Kalten Krieges, in: Irmtrud Wojak, Susanne Meinl (Hrsg.): „Im Labyrinth der Schuld". Täter - Opfer - Ankläger (Jahrbuch 2003 des Fritz Bauer Instituts zur Geschichte und Wirkung des Holocaust). Frankfurt a.M. 2003, S. 267–270. Düx war Untersuchungsrichter im Auschwitz-Prozess.

8 Dazu auch: Werner Renz: Der 1. Frankfurter Auschwitz-Prozess 1963-1965

und die deutsche Öffentlichkeit. Anmerkungen zur Entmythologisierung eines NSG-Verfahrens, in: Jörg Osterloh, Clemens Vollnhals (Hrsg.): NS-Prozesse und deutsche Öffentlichkeit. Besatzungszeit, frühe Bundesrepublik und DDR (Schriften des Hannah-Arendt-Instituts für Totalitarismusforschung, Bd. 45). Göttingen 2011, S. 349-362, hier: S. 350 f.

9 Wojak: Biographie (wie Anm. 3), S. 323.

10 Zu den Erinnerungen der Staatsanwälte siehe die Interviews mit Kügler und Wiese in: Wojak, Meinl (wie Anm. 7), S. 297-314 u. S. 315-331.

11 Eine der damals auch in manchen Schulen für den Oberstufenunterricht herangezogenen Publikationen war das Taschenbuch des Schweizer Historikers Walther Hofer (Hrsg.): Der Nationalsozialismus. Dokumente 1933-1945. Frankfurt a.M. 1957.

12 Kügler (wie Anm. 10), S. 298 ff.; Baers Vorgänger Rudolf Höß und Arthur Liebehenschel waren 1947 bzw. 1948 in Polen zum Tode verurteilt und hingerichtet worden.

13 Zu den Angeklagten und ihren Lebensläufen siehe: Naumann (wie Anm. 1), S. 14-35. Zwei der Angeklagten schieden später wegen Verhandlungsunfähigkeit aus.

14 Reichel (wie Anm. 1), S. 159.

15 Druckfassung der Gutachten: Hans Buchheim, Martin Broszat, Hans-Adolf Jacobsen, Helmut Krausnick. Anatomie des SS-Staates. 2 Bde. Olten, Freiburg i.Br. 1965 (mehrfacher Nachdruck, auch als Taschenbuch).

16 Siehe: Norbert Frei: Der Frankfurter Auschwitz-Prozess und die deutsche Zeitgeschichtsforschung, in: Fritz Bauer Institut (Hrsg.): Auschwitz. Geschichte, Rezeption und Wirkung (Jahrbuch 1996 zur Geschichte und Wirkung des Holocaust). Frankfurt a.M., New York 1996, S. 123-138, hier: S. 127 ff.

17 Siehe: Naumann (wie Anm. 1), S. 158 f.; detaillierter: Buchheim u.a. (wie Anm. 15), Bd. 1, S. 328-380.

18 Vgl.: Frei (wie Anm. 4), S. 116-129 zur Diskussion um § 6 des Straffreiheitsgesetzes von 1954 hinsichtlich von Straftaten „während des Zusammenbruchs" des NS-Staates für die Zeit ab Oktober 1944. Das Gesetz lieferte mit der Formulierung betreffend Straftaten, die „in der Annahme einer Amts-, Dienst- oder Rechtspflicht, insbesondere eines Befehls" begangen wurden, geradezu die Aufforderung, sich auf den Putativnotstand zu berufen.

19 Dazu im Einzelnen: Langbein (wie Anm. 1), Bd. 2, zeitlicher Ablauf des Prozesses S. 937-991.

20 Renz (wie Anm. 8), S. 357 f.

21 Siehe: Düx (wie Anm. 7), S. 272.

22 Siehe: Langbein (wie Anm. 1), Bd. 2, S. 934.

23 Vgl.: StGB § 211 Abs. 2 (Mord), § 27 Abs. 1 (Beihilfe), § 220a (Völkermord); Grundgesetz für die Bundesrepublik Deutschland, Artikel 103 Abs. 2 (Rückwirkungsverbot).

24 Siehe: Reichel (wie Anm. 1), S. 175 u. 179 ff.

25 Siehe: Langbein (wie Anm. 19); siehe auch: Reichel (wie Anm. 1), S. 171-175.

26 Der Frankfurter Rechtsanwalt Henry Ormond (1901-1973), britischer Staatsbürger, war bis zu seiner Entlassung durch die Nazis, anschließender Verhaftung und Vertreibung nach England unter seinem ursprünglichen Namen Hans Oettinger Amtsrichter in Mannheim. 1950 ließ er sich als Anwalt in Frankfurt nieder und vertrat zusammen mit seinem Kollegen Christian Raabe 15 Nebenkläger. Dritter Vertreter der Nebenklage war Prof. Dr. Friedrich Kaul, zuständig für die in der damaligen DDR ansässigen Nebenkläger.

27 Zum Ortstermin in Auschwitz siehe: Langbein (wie Anm. 1), Bd. 2, S. 837-841; Naumann (wie Anm. 1), S. 210-215; Irmtrud Wojak (Hrsg.): Auschwitz-Prozeß 4 Ks 2/63 Frankfurt am Main. Begleitband zur Ausstellung vom 27. März bis 23. Mai 2004 im Haus Gallus. Frankfurt a.M., Köln 2004, S. 588-605.

28 Siehe: Wiese (wie Anm. 10), S. 317 f.

29 Details zu den Angeklagten sind an anderen Stellen veröffentlicht, auf die hier verwiesen wird: Naumann (wie Anm. 1), S. 16-35; Langbein (wie Anm. 1), Bd. 1 u. 2; Wojak (wie Anm. 27), S. 607-611.

30 Langbein (wie Anm. 1), Bd. 1, S. 37.

31 Zit. nach: Werle, Wandres (wie Anm. 4), S. 90 f.

32 Langbein (wie Anm. 1), Bd. 1, S. 45.

33 Zeugenaussagen zu Boger komprimiert in: Langbein (wie Anm. 1), Bd. 1, S. 367-433; Naumann (wie Anm. 1) hingegen protokolliert nicht in der Zusammenfassung zu einzelnen Angeklagten, sondern chronologisch.

34 Naumann (wie Anm. 1), S. 126; Langbein (wie Anm. 1), Bd. 1, S. 421.

35 Naumann (wie Anm. 1), S. 127; Langbein (wie Anm. 1), Bd. 1, S. 422 u. 382.

36 Zeugenaussagen zu Stark komprimiert in: Langbein (wie Anm. 1), Bd. 1, S. 435-471.

37 Langbein (wie Anm. 1), Bd. 1, S. 450.

38 Zeugenaussagen zu Broad komprimiert in: Langbein (wie Anm. 1), Bd. 1, S. 509-541.

39 Beispiele siehe: Langbein (wie Anm. 1), Bd. 1, S. 514, 520, 528 u. 533.

40 Zeugenaussagen zu Dylewski komprimiert in: Langbein (wie Anm. 1), Bd. 1, S. 485-508.

41 Zeugenaussagen zu Schlage komprimiert in: Langbein (wie Anm. 1), Bd. 1, S. 543-560.

42 Langbein (wie Anm. 1), S. 491 u. 497 f.; Naumann (wie Anm. 1), S. 178 f.

43 Langbein (wie Anm. 1), Bd. 1, S. 545, 549 u. 551 f.; Naumann (wie Anm. 1), S. 193 f.

44 Naumann (wie Anm. 1), S. 58; Langbein (wie Anm. 1), Bd. 1, S. 544.

45 Zeugenaussagen zu Kaduk komprimiert in: Langbein (wie Anm. 1), Bd. 1, S. 249-284.

46 Naumann (wie Anm. 1), S. 118.

47 Langbein (wie Anm. 1), Bd. 1, S. 255 f. u. 271 f.

48 Siehe: Düx (wie Anm. 7), S. 273 f.

49 Langbein (wie Anm. 1), Bd. 1, S. 265 f.

50 Zeugenaussagen zu Baretzki komprimiert in: Langbein (wie Anm. 1), Bd. 1, S. 285-317.

51 Naumann (wie Anm. 1), S. 117.

52 Langbein (wie Anm. 1), Bd. 1, S. 288 f.; Naumann (wie Anm. 1), S. 167.

53 Langbein (wie Anm. 1), Bd. 1, S. 301; Naumann (wie Anm. 1), S. 162.

54 Zeugenaussagen zu Capesius komprimiert in: Langbein (wie Anm. 1), Bd. 2, S. 643-687.

55 Langbein (wie Anm. 1), Bd. 2, S. 675 f.; Naumann (wie Anm. 1), S. 197.

56 Langbein (wie Anm. 1), Bd. 2, S. 654 ff.; Naumann (wie Anm. 1), S. 172 f.

57 Langbein (wie Anm. 1), Bd. 2, S. 659 ff.

58 Langbein (wie Anm. 1), Bd. 2, S. 669; Naumann (wie Anm. 1), S. 165.

59 Langbein (wie Anm. 1), Bd. 2, S. 646 ff.; Naumann (wie Anm. 1), S. 152 f.

60 Zeugenaussagen zu Klehr komprimiert in: Langbein (wie Anm. 1), Bd. 2, S. 709-761.

61 Naumann (wie Anm. 1), S. 128 ff.; Langbein (wie Anm. 1), Bd. 2, S. 713 f.

62 Langbein (wie Anm. 1), Bd. 2, S. 735-738; Naumann (wie Anm. 1), S. 141 u. 132 f.

63 Langbein (wie Anm. 1), Bd. 2, S. 716 f.; Naumann (wie Anm. 1), S. 195 f.

64 Zeugenaussagen zu Mulka komprimiert in: Langbein (wie Anm. 1), Bd. 1, S. 163-212, hier: S. 164 ff.

65 Langbein (wie Anm. 1), Bd. 1, S. 183 f.

66 Langbein (wie Anm. 1), Bd. 1, S. 186 u. 188.

67 Langbein (wie Anm. 1), Bd. 1, S. 190 u. 194 f.

68 Zum Urteil und seiner zweitägigen Begründung siehe: Naumann (wie Anm. 1), S. 269-291; Langbein (wie Anm. 1), Bd. 2, S. 867-901.

69 Das Gesamturteil ist abgedruckt in: Christiaan F. Rüter, Dick W. de Mildt: Justiz und NS-Verbrechen. Die deutschen Strafverfahren wegen nationalsozialistischer Tötungsverbrechen 1945-1966. Bd. XXI. Amsterdam 1979, S. 381-835 (auch online: www.junsv.nl); erläuterte Textauswahl in: Werle, Wandres (wie Anm. 4), S. 93-211.

70 Zit. nach: Naumann (wie Anm. 1), S. 289.

71 Siehe: Frei (wie Anm. 16), S. 123 f.

72 Langbein (wie Anm. 1), Bd. 1, S. 50.